Nichts für schwache Herzen

von

Emma Kress

Dieses Buch hat nicht mal ansatzweise so viele Seiten, wie es eigentlich haben sollte.

Doch ich will damit jedem, der es liest ein Zeichen geben.

Ich weiß, was für Wellen es schlagen wird. Viele werden es als „zu grausam" und „absolut schockierend" bezeichnen.

Viele werden sich darüber das Maul zerreißen. Ich werde viele negative Kommentare dafür bekommen.

Aber öffnet verdammt noch mal eure Augen.

Das alles, was ich dort geschrieben habe, ist echt.

Es passiert jeden Tag.

Listen, die Sie für Ihr Leben brauchen
10 Dinge, die Sie wissen sollten,
bevor sie weiterlesen.

1. Es sind wahre Begebenheiten.
2. Es ist echt traurig.
3. Es enthält viele hilfreiche Tipps zum Überleben, zu ihrem Haustier und Problemen in der Liebe.
4. Ich will damit etwas bewirken.
5. Es kommen echt verdammt viele Schimpfwörter vor.
6. Verdammt viele.
7. Sind sie intolerant gegenüber psychischen Krankheiten oder Ironie, so wie auch bei Themen, die normalerweise nicht angesprochen werden, kaufen sie dieses Buch nicht, sie werden sich nur aufregen.
8. Wenn sie unter 16 sind, kaufen sie dieses Buch bitte nicht.
9. Wenn sie ein Wähler der AFD sind, kaufen sie dieses Buch bitte nicht.
10. Wenn sie sich danach bei der Zeitung beschweren wollen, sparen sie sich das, irgendjemand wird es sowieso tun.

11 Dinge,
die ich gerne gewusst hätte, als ich 14 war.

1. Nimm eine Decke mit auf die Schultoilette, da verbringst du eh die meiste Zeit.

2. Nimm Kopfhörer mit, dann hörst du die anderen in der Pause nicht.

3. Wenn sie sagen, du wärst hässlich, versuch sie nicht mit teuren Klamotten und Make-Up zu beeindrucken. Denn ihnen ist egal, wie du aussiehst. Hauptsache, sie können jemanden beleidigen.

4. Wenn sie dich beim Schulsport als letztes wählen, freue dich darüber, das Beste kommt ja immer zum Schluss.

5. Wenn sie dich beleidigen, nimm es nicht persönlich, an irgendjemandem müssen sie ja ihren Frust über ihr vermindertes Selbstbewusstsein rauslassen.

6. Mach niemals ihre Hausaufgaben, um verzweifelt zu versuchen ihr Freund zu werden. Unnötige Arbeit für nichts. Viel zu anstrengend.

7. Sag das, was du sagen willst. Am besten das, was sie nicht hören wollen.

8. Klassengespräche bringen nichts, geh direkt zum Schulleiter, dann hassen sie dich zwar noch mehr, aber du hast deine Ruhe.

9. Du brauchst in der Schule niemanden außer dich. Sie ist deine Zukunft.

10. Rauchen machts nicht besser

11. Eine Dose Deo übertönt den Geruch auch nicht, denn Mütter sind in der Hinsicht besser als Drogenspürhunde.

**Klebe hier ein Bild ein
von dir und der wichtigsten Person
in deinem Leben**

Mal hier irgendetwas Cooles rein.

Welche Superkraft hättest du gerne?

☐ Fliegen

☐ unsichtbar werden, wann du willst

☐ niemals älter werden

☐ Unter Wasser atmen

☐ Teleportieren

☐ Hund oder Katze? ☐

Dinge die man beim ersten Date nie sagen sollte?

Dein Lieblingstier?

Warum?

11 Dinge,
die jede Frau wissen sollte.

1. Du brauchst keinen Mann, um glücklich zu sein.

2. Der Satz „Du wirfst wie ein Mädchen" ist ein Kompliment, denn wir sind unglaublich stark.

3. Führe keinen Krieg mit anderen Frauen. Wir müssen zusammenhalten.

4. Wenn er dich betrügt, hast du nichts falsch gemacht. Sein verkümmertes Selbstbild ist schuld.

5. Seit deiner Geburt hast du schon alles, was du brauchst.

6. Deine Mutter hat 9 Monate gebraucht, um dein Herz zu formen. Lass es dir nicht von einem Mann brechen, der keine Ahnung davon hat, was das Wort Liebe bedeutet.

7. Du schaust weinend Titanic und isst dabei ein Kilo Schokoladeneiscreme? Das ist nicht verzweifelt, sondern verdammt cool. Außerdem ist Titanic echt super und Schokoladeneiscreme lecker.

8. Schau dir ein Video von den Auftritten von Victoria Secret Models an. Dann zerschlag deinen Laptop und sag dir selbst, du musst nicht so aussehen. Du bist so, wie du bist, wunderschön.

9. Deine Brüste sind nicht zu klein.

10. Deine Brüste sind nicht zu groß.

11. Du reagierst diese ganze Welt.

10 Dinge,
die jeder Mann wissen sollte,
der eine Frau betrogen hat, die ihn liebt.

1. Du bist ein Arschloch.

2. Du bist ein Arschloch.

3. Du bist ein richtiges Arschloch.

4. Du bist ein richtiges richtiges Überarschloch.

5. Du bist so ein Arschloch, dass man ein neues Schimpfwort erfinden müsste, um dich zu beschreiben.

6. Du hast sie nicht verdient, weil du bist ein Arschloch.

7. Du hast eine wundervolle Frau verloren, weil du bist ein Arschloch.

8. Du wirst nie wieder eine bessere Frau finden, denn du bist ein Arschloch.

9. Du hast ihr Herz gebrochen, weil du ein Arschloch bist.

10. Du bist ein Arschloch.

fuck
everything

10 Dinge,

die sie nicht an ihr Haustier verfüttern sollten.

1. Einen Stein (zu steinig).
2. Sand (zu sandig).
3. Einen Baum (zu groß).
4. Einen Cheesburger (zu ungesund).
5. Sich selbst (das wäre seltsam und wahrscheinlich pädagogisch nicht wertvoll).
6. Einen Backofen aus Edelstahl (Zu edelstahlgig).
7. Einen Fernseher (Man hat dann keinen Fernseher mehr).
8. „The shining" von Stephen King (zu gruselig, das Tier könnte Alpträume bekommen).
9. Eine Zigarettenschachtel (auch wenn drauf steht *enjoy the moment* wird das Tier es nicht so enjoyen).
10. Den Eifelturm (könnte den Magenschleimhäuten schaden).

Beschreibe deinen letzten Albtraum

9 Dinge an alle,
die in den letzten Wochen,
vielleicht auch schon heute,
geweint haben.

1. Es ist okay.
1. Jeder Mensch weint.
2. Egal, was der Grund war, die Schmerzen werden weg gehen.
3. Er ist es nicht wert.
4. Sie ist es nicht wert.
5. Tränen sind ein Zeichen der Verarbeitung.
6. Irgendwann wirst du glücklich sein. Versprochen.
7. Männer weinen auch.
8. Alkohol macht es nicht besser.
9. Auch nach dem Weinen siehst du immer noch wunderschön aus.

10 Dinge,
die jede Frau wissen sollte,
die in häuslicher Gewalt lebt.

1. Du kannst dir Hilfe suchen.

2. Du kannst mit anderen darüber sprechen.

3. Du bist nicht von ihm abhängig, nur weil er dir das Gefühl gibt, du wärst es.

4. Du bist unglaublich stark. Wehr dich.

5. Rede mit Freunden darüber.

6. Pack deine Sachen und geh.

7. Du bist Gold wert, auch wenn er dir das Gefühl gibt, du wärst Dreck.

8. Du kannst ohne ihn leben. Noch viel schöner als mit ihm.

9. Er ist nicht dein Mann. Oder dein Freund. Auch wenn er es mal war. Er ist ein Monster. Er kann dich nicht kontrollieren.

10. Irgendwo da draußen wartet ein Mann, der dich behandeln wird wie die Königin, die du eigentlich bist.

11 Dinge,
wenn ihr Kind depressiv ist.

1. Nehmt es ernst!

2. Schreit es nicht an.

3. Gebt ihm das Gefühl, dass es nicht schlimm ist zu weinen und traurig zu sein.

4. Sagt ihm niemals, dass es aufhören soll zu jammern. Der Schmerz, den es fühlt, ist echt.

5. Zeigt dem Kind, dass ihr es liebt.

6. Geht vor dem Schlafengehen noch einmal zu ihm, nehmt es in den Arm und sagt: „Wir schaffen das zusammen."

7. Nennt es nicht faul – es ist depressiv!

8. Schickt es nicht einfach zu irgendeinem Psychologen, wenn es nicht damit einverstanden ist.

9. Denkt daran, dass ihr es im Herzen tragt und lasst nicht zu, dass es jemand ihnen bricht.

10. Zeigt ihm die Schönheit dieser Welt.

11. Umarmungen helfen immer!

**Diese Seite hat eigentlich keinen Sinn,
aber kotz dich einfach aus.**

5 Dinge,
die eine Frau tun muss,
um sich selbst schön zu finden.

1. Keine Modezeitschriften mehr lesen.

2. Kein Germanys Next Topmodel mehr schauen

3. Bei dieser Scheiß-Schönheits-OP-Werbung, die mal wieder zeigt,wie abgefuckt die Menschheit mittlerweile ist, wegschalten.

4. Lächeln.

5. Und noch mehr lächeln.

wear your favorite outfit, slap everyone who say that it looks ugly

think about your future   dance in the rain

write a poem

Fuck everything
you could
die
tomorrow

pick up some flowers

do some sit ups
watch netflix
sing as loud as you can

eat a whole bottle of Ice cream

hug sad people

tell your parents that you love them

pick up flowers (a lot of them)

pet a lot of dogs

run around for no reason
go hiking
make a salad

10 Dinge,
die jeder Junge wissen sollte.

1. Du brauchst keine Muskeln, um gut auszusehen.

2. Wenn du ein Mädchen findest, das dich immer wieder motiviert deinen Zielen zu folgen und für dich da ist, wenn es dir schlecht geht, heirate sie.

3. Scheiß drauf, was andere sagen.

4. Markenklamotten sind nicht WICHTIG. Zieh das an, in dem du dich wohl fühlst.

5. Du darfst AUCH weinen. Du darfst AUCH Gefühle zeigen.

6. Du bist nicht schwach, wenn du selbst zweifel hast.

7. Du bist nicht schwach, wenn du Zukunftsängste hast.

8. Du musst nicht in irgendeiner Manschaft spielen, um cool zu sein.

9. Du bist cool, wenn du nichts brauchst, um cool zu sein.

10. Irgendwann wird alles perfekt sein. Egal, ob du der beste in der Fußballmannschaft warst oder dein Leben in der Bibliothek verbracht hast. Egal, ob du der Streber warst, oder der, der niemals ernst genommen wurde. Irgendwann wird alles perfekt sein und du wirst ein wundervolles Leben führen. Denn letzendlich stehen wir alle auf einer Seite.

Boy's cry too

7 Dinge an alle,
die diese verdammten
Suizidgedanken haben

1. Stell dir vor, morgen landen Aliens auf der Erde. Du würdest es verpassen.
2. Denk an all die Hundewelpen, die du noch nicht gestreichelt hast.
3. Stell dir vor, morgen würde es möglich sein, Zeitreisen zu machen. Du würdest es verpassen.
4. Denk an all die Konzerte, auf denen du noch nicht warst.
5. Denk an all die Musik, die du noch nicht kennst.
6. Denk an all die Filme, die du noch nie geschaut hast.
7. Denk daran, dass sich dein ganzes Leben morgen ändern könnte.

Du

würdest
es
verpassen.

6 Dinge,
die sie wissen sollten,
wenn sie beim Autofahren
gerne einen Waffenschein besitzen würden.

1. Die Ampel kann nichts dafür.

2. Der Blitzer hört deine Beleidigungen nicht.

3. Den älteren Herren, den Sie verfluchen, ist auch nur ein Mensch.

4. Die Einfahrt vom Burgerking haben sie leider selbst verpasst, den Burgerking trifft keine Schuld.

5. Der Stau bleibt immer noch ein Stau, auch wenn Sie im Sekundentakt hupen.

6. Die Frau vom Navigationsgerät hat private Probleme. Sie ist nun mal ab und zu ein bisschen verwirrt.

Ein dramatischer Text

Ich habe zu dir gesagt, unsere Geheimnisse bleiben verschlossen, auch dann wenn ich nicht mehr atmen kann. Auch dann, wenn du alles, was du von mir noch hast, im Meer verstreuen kannst und ich glaube, du wirst es nie verstehen. Ich werde nie die Welt durch deine Augen sehen und wir können auch nicht immer denselben Weg zusammen gehen, denn ich bin nicht so wie du. Ich werde nie so lachen, nie so weinen wie du es tust, denn ich bin krank, auch wenn du das manchmal vergisst. Denn alles, was ich tragen muss, ist mein eigenes Gewicht.

Vielleicht werden wir nie gleich sein.

Vielleicht werden wir nie wirklich eins sein, denn mich zu kennen ist nicht leicht. Mich zu kontrollieren ist unmöglich, auch wenn das Wasser in meinem Käfig immer weiter nach oben steigt, will ich nicht entkommen. Ich bin immer noch benommen von den schlaflosen Nächten, in denen du neben mir lagst, gedacht hast, ich schlafe. Doch während du schliefst, zählet ich keine Schafe, sondern schlechte Gedanken. Ich bin nicht, was du denkst, Schatz. Ich bin die, wegen der du so viel verpasst hast. Ich bin kaum noch hier. Ich bin nur das, was das Leben aus mir gemacht hat.

Ja es stimmt, ich stoße dich weg von mir.

Das aber nur, weil ich momentan den Verstand verlier, denn ich will nicht, dass du dich in Ketten legst wegen eines Mädchens, das in Ketten lebt und nie wirklich weiß, was um sie herum passiert.

Die nie irgendwelche Farben sieht, dir nur das, was schwarz

und weiß ist, liebt, und durch die Welt geht, als würde sie nicht wissen, wie man alleine geht.

Und nein, ich werde nicht erwachsener. Ich werde nur immer und immer abgefuckter und dann fühl ich mich ersetzbar, geh auf Google - meine Name nur Quadrillionen Treffer. Und ich frag mich echt, auf welcher Bahn wir damals fuhren. Noch immer spielt das Leben Schach und wir sind die Figuren.

there
are no monsters
under my
bed

the're all in my head

Dieser Text wird für ordentlich Aufruhr und Kritik sorgen, doch ich mache es für alle Frauen, alle Männer, die in ihrem Leben jemals unter K.O. Tropfen gesetzt wurden. Denn ich erzähle in diesem Buch genau die Dinge, die die meisten nicht sehen wollen.

Liebe Mama,
ich habe dir erzählt, ich bin in einem Club nicht weit weg von Zuhause. Du weißt, ich höre auf dich, du weißt, ich höre immer rechtzeitig auf und stelle das Glas weg, auch wenn es noch voll ist. Auch wenn meine Freunde mich immer fragen, warum du so streng bist.
Du liebst mich, Mama. Daran halte ich fest. Ich weiß, unser Leben ist nicht perfekt, doch du bist es. Ich nehme nur noch den letzten Schluck und verabschiede mich, bis ich plötzlich merke dass irgendetwas anders ist. Ich fühle mich seltsam. Weißt du noch ,als du sagtest, du willst mit mir ans Meer fahren? Irgendwohin, wo Papa früher war?

Ich richte mich auf und laufe zurück zur Bar, doch meine Freundinnen sind verschwunden. Mir wird immer schwindeliger, ich sehe einen Mann vor mir, der lächelt, doch es ist kein schönes Lächeln, Mama. Ich will weggehen, doch das Getränk hat mir die Augen verbunden. Meine Freunde sind weg, ich sehe sie nicht mehr. Mittlerweile habe ich das Laufen verlernt, der Mann vor mir, er stützt mich, er hält mich und lächelt, doch ich weiß, dass dieses Lächeln nicht echt ist. Ich spüre, es wird kalt, doch ich zittere nicht.
Ich will schreien, Mama. Ich will weg von diesem Mann, doch langsam ist mir so schwindelig, ich erkenne sein Gesicht nicht

mehr und plötzlich wird alles leise. Ich weiß plötzlich nicht
mehr, wie ich heiße, ich weiß nur noch wie sehr du meinen
Namen liebst.

Ein anderer Mann kommt auf mich zu, der ebenso lächelt, doch
es ist auch kein echtes Lächeln. Sie schleppen mich in
irgendeine Ecke und plötzlich sehe ich alles im Tunnelblick. Ich
vergesse alles, was wichtig ist. Ich habe nicht viel getrunken.
Das verspreche ich dir. Ich höre auf dich, Mama. Doch nun bin
ich keine Prinzessin mehr. Der letzte Schlag und mein Blick
wird leer. Bitte fahre ans Meer, Mama. Auch wenn du es ohne
mich tun musst. Bitte weine nicht um mich, Mama. Ich bin
sicher, ich sehe Papa wieder, wenn er dort oben ist.
Bitte bleib stark Mama,
bitte vergiss niemals,
Ich liebe dich.

Beschreibe deinen letzten Albtraum

Kurzgeschichten

Und nun, um für noch mehr Verwirrung zu sorgen, ein paar Kurzgeschichten. Das Leben des Tom Benneth

„Am liebsten wäre ich tot", flüsterte Tom, doch er wusste, dass es seine Eltern hören konnten.

Für einen Moment war alles ganz still.

Paschas Worte hatten ihn verändert, doch seine Eltern nicht.

Sie standen einfach nur da und blickten ihn an.

„Am liebsten wäre ich tot", sagte er abermals, jedoch dieses Mal lauter, denn er wollte für seine Eltern nicht mehr unsichtbar sein.

Doch das war er.

Denn sie blickten ihn nicht an.

Oder besser, sie taten es, jedoch blickten sie durch ihn hindurch.

Immer noch war alles still.

Nur entfernt hörte man die Äste die an das kaputte Fenster prallten, immer und immer wieder.

Paschas Tod hatte alles verändert, das dachte sich Tom am Tag mindestens hundert Mal.

Denn er spürte ihre Anwesenheit immer noch, obwohl er nicht wusste, wo sie jetzt war.

„Du bleibst für immer mein bester Freund", hatte sie zu ihm gesagt, bevor ihr Vater sie erschossen hatte.

Dieses *Für immer* war zu kurz, dachte er, als er an seinem Schreibtisch saß, auf dem nichts lag außer einem Bleistift und ein Blatt Papier.

Seine Eltern wollten ihm nicht sagen, wo sie beerdigt wurde, sie wollten nicht, dass er sein Leben dort verbrachte, was er sicher tun würde.

Nun wartete er darauf erschossen zu werden, doch er wusste das würde nicht passieren, denn sowas geschah nur in Filmen und vielleicht war er ja in einem Film, ohne es zu merken.

Seine Eltern redeten schon lange nicht mehr mit ihm. Wenn er von der Schule kam, hörte er nur ein schwaches Hallo von seiner Mutter, die auf der Couch saß, ihr Gesicht blau von den Wutausbrüchen von Toms Vater.

Toms Körper war eine Landkarte.

Brandspuren von ausgedrückten Zigaretten und die Schläge des Gürtels zogen sich wie die Linien eines Navigationssystems über seinen Körper.

Pascha hatte früher Stunden damit verbracht, die Wunden einzucremen und zu streicheln, denn sie hatte ebenso eine Landkarte.

Pascha wohnte mit ihrer zerbrochenen Familie gegenüber von ihm, jede Nacht hatten sie sich Handzeichen über den Balkon gegeben.

Bis er den Schuss hörte. Nun war ihr Körper keine Landkarte mehr. Denn die Linie des Navigationsgerät führte seit Wochen ins Nichts.

Tom, ich vermisse dich, auch wenn du mich nicht hören kannst. Ich hoffe die Engel wissen wie schön es ist, dass du jetzt zu ihnen gehörst.
In Liebe,
Emma.

Hier kommen die Namen
von den Leuten rein, die du liebst

Die Sünden, die niemand weiß.

3 Uhr Nachts.

„Zieh mein Oberteil aus. Zieh es aus, Roni!", keuchte sie, als sie irgendwie versuchte über das Lenkrad zu klettern.

Der Parkplatz, auf dem ihr Auto stand war mitten in einem dunklen Wald.

„O-okay", stotterte er, während er ihr unbeholfen die Träger ihres Tops über die Schultern strich.

„Wissen deine Eltern davon?"

Noch bevor er irgendwas erwidern konnte, hielt sie ihm grob die Hand vor den Mund. „Ich werde deinen Namen bis morgen wieder vergessen haben und du jeden Moment davon. Das hier ist nie passiert, verstanden?"

Er nickte leicht ängstlich und fing an, ihr den BH auszuziehen.

Sie legte ihren Kopf zurück, als er sie auf seinen Schoß nahm und ihren BH öffnete.

„Oh Sarah", stöhnte er, woraufhin sie ihn angeekelt anstarrte.

„Oh Gott Roni, sag bitte nie wieder meinen Namen, wenn ich nackt bin."

Beschämt stimmte er zu und fing an, sie zu küssen.

Er wusste, es war ihre Sucht. Er wusste, dass er Sarah nichts bedeutete. Doch für einen kurzen Moment dachte er das.

8 Stunden danach

„Sarah, wo warst du denn nur? Du wolltest um sieben zuhause sein."

„Ich bitte um Vergebung, Mutter. Ich war doch gestern bei einer der Klosterschwestern. Ich hoffe, ihr habt das Morgengebet nicht ohne mich gesprochen."

Ihre Mutter seufzte.

„Haben wir. Aber jetzt bist du ja hier. Bei uns. Bei deiner Familie. Sarah, Schatz, zieh dich bitte um. Der Gottesdienst beginnt heute schon um zwölf und du weißt ja, nur Sünder kommen zu spät!"

Ihre Mutter lachte wie immer, legte Sarah die Kette mit dem Kreuz um und gab ihr einen Kuss auf die Wange.

„Aber natürlich, Mutter. Und Sünder sind in diesem Haus nicht willkommen", erwiderte sie in einem Ton, der einem Engel glich und einem Lächeln, das unechter nicht sein könnte.

8 Uhr morgens.

„Hast du den Stoff dabei?"

Toms Stimme war gelassen, hatte jedoch einen rauen Schimmer von Nervosität.

„Alter, ich hab' gleich ein verficktes Familienessen, gib mir das Scheißzeug!", fluchte er und riss dem Mann vor ihm den Beutel aus der Hand, warf das Geld aus dem Fenster und fuhr ein paar Meter an den See.

Er legte zwei Bahnen, man könnte fast meinen, sie wären aus süßem Zucker, doch das waren sie nicht.

Denn jedesmal wenn er sie zog, blutete seine Nase.

Und das machte Zucker nicht. Er zog noch eine Bahn. Danach noch eine & noch eine. Man könnte denken, er würde niemals damit aufhören. Doch das tat er. Denn er musste es.

2 Stunden später.

„Tom, wieso kommst du so spät? Der Brunch mit den Blossons hat bereits vor einer halben Stunde angefangen!"

Tom richtete seine Krawatte, verbeugte sich vor seinem Vater und richtete sich wieder auf.

„Wo warst du, mein Sohn?", fragte dieser streng und blickte auf Tom herab.

„Verzeih, Vater. Doch ich war den ganzen Morgen bei Frederik zum Lernen."

Sein Vater legte seine Hand auf Toms Schultern und nickte. „Du bist das Vorbild dieser Familie. Bitte behalte das bei."

Tom lächelte. „Natürlich Vater. Ich würde unseren Ruf niemals beschmutzen", erwiderte er in einem Tonfall, der einem Engel glich und mit einem Lächeln, das unechter nicht sein könnte.

3 Uhr Mittags

„Steck das ein. Schnell!", zischte Baru zu Lena, die sehr unsicher war.

„Müssen wir das wirklich tun?", fragte Lena und blickte sich nervös um.

Baru gab keine Antwort und steckte immer mehr Uhren und diamantbesetzte Ringe in ihre Tasche.

Baru wusste, das sie das tun musste. Ihr Kopf schrie es ihr in ihr Ohr.

Du musst klauen.

Du musst.

Sie verließen den Laden.

Eine Summe von 2300 Euro in ihren Taschen.

Doch sie musste es tun.

Sie muss klauen.

3 Stunden später

„Baru! Wieso bist du zu spät? Ich hab mir solche Sorgen gemacht."

„Entschuldige, Mutter. Doch ich war noch mit Lena in der Stadt."

Sie nickte und blickte auf die große Tasche, die Baru in der Hand hielt.

„Was hast du denn für schöne Dinge gekauft?", fragte ihre Mutter neugierig und lächelte Baru an.

„Nichts Besonderes Mutter. Ich habe eigentlich nichts gefunden, was mir wirklich gefällt", erwiderte sie in einem Tonfall, der einem Engel glich und mit einem Lächeln, das unechter nicht sein könnte.

6 Uhr Abends

„Was willst du? Sag mir was du willst!", schrie Damon und holte aus zu dem ersten Schlag aus.

Danach zu dem zweiten.

Danach zu dem dritten.

Und zu dem vierten.

Und zu dem fünften.

Und zu dem sechsten und siebten und achten.

Er wollte aufhören, doch er konnte nicht.

Das konnte er nie.

Das Gesicht des Mannes, der auf dem Boden lag war voller Blut, nicht mehr erkennbar.

Doch das wollte Damon.

Er wollte nicht demjenigen ins Gesicht schauen, den er schon wieder fast getötet hätte.

2 Stunden Später.

36

„Oh, Damon mein Sohn, was ist denn mit dir passiert?" Seine völlig hysterische Mutter rannte auf ihn zu und betrachtete die blau geschlagene Nase und den breiten Schnitt über seine Wange.

„Es ist nichts Mama. Ich bin Motorrad gefahren und gestürzt." Sie setzte sich erschöpft in den Sessel.

„Mindestens einmal in der Woche kommst du so zugerichtet nach Hause. Langsam kann ich dir das mit dem Motorrad nicht mehr glauben

„Du bist mein Herz, Mutter. Ich würde dich niemals belügen", erwiderte er in einem Tonfall, der einem Engel glich und einem Lächeln, das unechter nicht sein könnte.

Nach der Morgenröte kam das Tagesgelb. In der Nacht waren wir Blauer als die Farbe selbst. Jetzt ist alles monoton. Der Mensch ist elektrisch, seit du weg bist, bin ich ohne Strom. Ja es stimmt, am Ende werden nur Narben bleiben. Die Schmerzen werden klein und groß mit den Jahreszeiten. Irgendwann werde auch ich auf ihre Bare steigen. Du bist und bleibst mein großes Fragezeichen.

Prinz Pi – Laura

Zünde diese Seite an.

Und darum geht es eigentlich

Prolog

Hallo.

Mein Name ist Faye.

Faye Liborn.

Manche Menschen würden mich vielleicht als „depressiv"
bezeichnen.

Das sind fake news.

Auch wenn ich vielleicht nicht so auf sie wirke, sie sagen, man
würde es in meinen Augen sehen.

Gott, wie es mich ankotzt, wenn Leute versuchen mich zu
analysieren.

Geht es dir denn wirklich gut?

Ja, verdammte Scheisse, mir geht es gut. Es könnte mir nicht
besser gehen. Das sieht man doch, oder? Abgenommen hab ich
nur, weil ich momentan viele Lebensmittel nicht vertrage.

Natürlich geht es mir gut, Jennifer, was hast du denn gedacht?

Kümmer dich um deinen eigenen Scheiss.

Auch wenn du eigentlich gar nicht existierst.

Aber ich habe so was auf Instagram gelesen, auch wenn
Jennifer nur in meinem Kopf lebt.

Es gibt Menschen, die haben es viel schlechter wie du.

Ja Jennifer, ich habs verstanden.

Also, stell dich mal vor einen glücklichen Menschen und sag
ihm, es gibt Menschen die noch viel glücklicher sind. Gut
gemacht, Jennifer. Jetzt hab ich wieder Scheißlaune.

Manche Leute würden mich als „depressiv" bezeichnen. Das
sind keine Fake news.

Mein Name ist Faye, Faye Liborn.

Und momentan, befinde ich mich in der Mitte von Leben und Tod.

Und jetzt liegt es an mir, welche Seite ich wähle.

Kapitel 1

Oh Jennifer, steh mir bei.

Der Psychologe vor mir schien nervös zu sein.

Er wendete den Stift zwischen seinen Fingern hin und her.

Immer wieder.

Nach einer Stunde im Wartezimmer war meine Höflichkeitsstufe um einiges gesunken.

Trotzdem riss ich mich zusammen und setzte ein Lächeln auf.

„So Miss Liborn, warum sind Sie heute hier?"

Ehrlich gesagt, wusste ich das selbst nicht so genau.

Wurde hier her geschickt, wollte ich antworten, doch er schien ganz okay zu sein, also wollte ich mich nicht direkt unbeliebt machen.

„Darf ich ehrlich sein?"

Er lachte.

„Natürlich."

„Darf ich Schimpfwörter verwenden?"

„Natürlich."

Ich nickte und holte tief Luft.

„Bitte stellen sie mir Fragen, ich werde ehrlich antworten, aber von selbst über mich reden kann ich nicht."

Er lächelte. „Aber nur wenn sie wirklich ehrlich antworten."

„Bitte duzen sie mich."

Er nickte.

„Ich habe Verschiedenes in deiner Akte gelesen. Könntest du mir vielleicht etwas über das Mobbing erzählen?"

Ein stechender Schmerz fuhr durch meinen Körper.

„Naja.."

„Sag mir, wann es angefangen hat."

„Ich war acht Jahre alt." Ich nahm all meinen Mut zusammen.

„Sie.. sie haben gesagt ich sei eine Missgeburt. Das meine Mutter mich hätte abtreiben sollen."

„Achtjährige Kinder?"

Ich lächelte schwach.

„Kinder sind grausam. Wenn ein Erwachsener dir sagt, du wärst hässlich, ist er wahrscheinlich neidisch. Wenn ein Kind dir sagt du wärst hässlich, dann bist du hässlich."

Er lachte.

„Wie lange wurdest du gemobbt?"

Ich grübelte.

Meine Gedächtnisschwäche machte es mir nicht wirklich leicht, über das Thema zu reden, das mir mein ganzes Leben kaputt gemacht hat.

„Es hat mit acht angefangen und mit sechzehn aufgehört."

„Und warum wurdest du gemobbt?"

„Weil ich anders bin und Menschen das nicht ertragen."

Er nickte. „Was genau haben sie getan?"

Ich grübelte. Ihm das zu sagen, schien für mich unmöglich.

Doch deswegen bin ich hier, oder? Um die Wahrheit zu sagen. Auch wenn ich die Wahrheit selbst nicht hören wollte. Ich habe sie verdrängt, sie lebt nur noch in meinem Unterbewusstsein.

„Sie haben mich oft auf der Toilette eingesperrt. Mir gesagt, ich wäre zu dick. Zu hässlich. Bei Gruppenarbeiten war ich immer alleine. Was für eine Überraschung! Sie sind vor mir weg gerannt. Können sie das fassen? Ich meine, ich war nie böse zu ihnen. Ich war immer nett. Freundlich. Zuvorkommend. Aber genau das haben sie ausgenutzt. Sie waren wie Kampfhunde. Sie haben mir das Gefühl gegeben nichts wert zu sein. Und ich habe ihnen geglaubt."

„Und warum?"

„Naja, wenn dir jeden Tag gesagt wird, du seist hässlich ... nichts wert. Eine misslungene Abtreibung. Dann glaubst du das irgendwann. Egal, ob du willst oder nicht. Du hörst diese Sätze, wenn du morgens aufwachst und wenn du abends wieder einschläfst. Du hast sie immer in deinem Kopf. Es ruiniert dich. Alles in dir. Und es begleitet dich, egal, wo du hingehst. Sie haben mich auch oft geschlagen. Ich wollte dann nicht mehr in die Schule. Habe jedes Mal geweint. Ich habe meine Mutter durch die Hölle geschickt. Ich werde mir das nie verzeihen. Niemals. Ich habe mich übergeben - jeden Morgen. Weil ich nicht in diese Schule wollte. Nicht in diesen Bus steigen. Nicht aus dem Bett gehen. Es war, als würde ein schwarzes Monster auf mir liegen. Es sagt dir am Morgen schon, was dich in der Schule erwartet. Dass sie dich hassen. Sich über dich lustig machen - vor dir und hinter deinem Rücken. Sie wollten mich nicht verschonen. Sie wollten, dass es mich so hart traf wie möglich. Dann habe ich die Schule gewechselt, doch das war keine gute Entscheidung. Die erste Zigarette, das erste Mal Alkohol. Auch dort fing das Mobbing wieder an. Doch noch viel schlimmer als auf der anderen Schule. Also wechselte ich sie wieder, ging von der einen Hölle zur anderen."

Sein Blick war fokussiert, er erwartete, dass ich anfing zu weinen, doch ich konnte nicht. Nicht mehr.

„Ich weiß ehrlich gesagt nicht, was ich sagen soll..."

Er schwieg eine Weile.

Ich sah, dass es ihn erschlagen hatte. Vielleicht hatte er so etwas in diesem Ausmaß noch nie gehört.

„Die Leute die mir das angetan haben, haben darüber gelacht. Sie fanden es lustig, dass ich so weit unter ihnen stand. Sie haben es genossen. Geliebt. Dieses Gefühl von Macht. Doch sie wussten nicht, das sie einen Teil von mir damit töteten. Denn ich spüre das Mobbing immer noch. Die Komplexe, die ich habe. Die Angst alleine zu sein. Dass so was wieder passiert. Und deswegen ziehe ich mich zurück. Schon seit Jahren. Aus Angst, einen Freundeskreis zu haben. Natürlich habe ich Freunde, die mich lieben. Die besten Freunde der Welt. Doch die Angst ist immer da. Auch diese Leere in mir. Ab und zu laufe ich nachts einfach nur durch die Straßen. Dabei bin ich meistens wie gelähmt und weiß auch gar nicht wirklich, wohin ich gehe. Dann will ich einer Freundin schreiben, ob sie vielleicht Lust hat, etwas zu unternehmen. Und dennoch immer wieder das Gefühl, was wohl passiert, wenn wieder diese Gedanken kommen. Wenn wir in der Stadt sind und alles gut ist - und wieder diese Welle kommt, die mich erschlägt. Dann ist plötzlich alles dunkel. Es fühlt sich an, als hätte ich nur noch Leere in mir. Und dann zu erklären, warum man nicht mehr so viel lacht und plötzlich nach Hause will, das ... naja, das will man dann nicht sagen. Ausreden über Ausreden."

Er nickte. „Das verstehe ich."

Nein, das tat er nicht. Doch ich merkte, dass er es wenigstens versuchte.

„Und diese Angst, ist sie bei jeder Person da?"

Ich lächelte schwach.

„Eigentlich ja. Es gibt ein paar Ausnahmen. Doch die größte Ausnahme ist mein Freund."

Er nickte.

„Wie lange sind sie schon zusammen?"

„Elf Monate."

„Bist du Glücklich?"

„Naja, für einen depressiven Menschen ist es nicht so leicht glücklich zu sein. Doch er schafft es, er schafft es zu mir durchzudringen. Es gibt nichts, was ich ihm verheimlichen muss. Wenn ich eine Panikattacke habe, legt er sich zu mir und nimmt meine Hand. Sagt mir, es wäre bald vorbei, küsst mich und lässt mich erst los, wenn sie wieder vorbei ist. Er ist der Freund, den sich wahrscheinlich jedes Mädchen wünscht." Ich machte eine Pause. „Nur ab und zu zweifle ich."

Fragend blickte er mich an.

„Naja ... dass er mich irgendwann verlässt. Doch das tut er nicht, das weiß ich und er schwört es mir. Er wiederholt immer wieder, jedes andere Mädchen würde er nach einem halben Jahr in- und auswendig kennen. Doch wir kennen uns seit drei Jahren und er sagt, er hört nie auf damit neue Dinge über mich herauszufinden. Neue Seiten kennenzulernen. Ich liebe ihn für alles, was er ist. Und das beruht auf Gegenseitigkeit. Wenn sie ihn kennen würden, würden sie ihn auch lieben. Er ist.."

„Unglaublich?"

Ich lachte.

„Ja.. das ist er."

Er grübelte.

„Und gab es davor schon einen Jungen, den Sie so geliebt haben?"

Abermals fuhr ein stechender Schmerz durch meinen Körper, doch dieses Mal war er stärker als vorher.

Oh Jennifer, steh mir bei.

„Es gab da einen Jungen ..."

Mein Herz setzte einen Moment aus.

„Er war wie ich."

Durch meinen Kopf schossen tausend Bilder.

„Du musst deinen Arm noch ein Stück weiter nach oben legen."

Er blickte erst zu mir, dann wieder zurück auf sein Blatt.

Im Hintergrund lief seine Lieblingsband - Black Sabbath.

Ich glaube, wir hörten es schon seit zwei Stunden in Dauerschleife.

„Und jetzt geh mit deinem Kopf ein wenig hoch", flüsterte er konzentriert und warf mir ein Lächeln zu.

Als er mir das Bild zeigte, stiegen sofort Tränen in meine Augen. Denn die Art wie er zeichnete, begeisterte mich jedes Mal.

Um drei Uhr morgens saßen wir in seiner Küche und aßen Müsli. Wir lachten über Dinge, die nicht einmal ansatzweise lustig waren. Er hatte bereits viele Bilder von mir gemalt und sie über sein Bett gehängt. Wir redeten stundenlang, küssten uns immer wieder und ich lachte wieder über seine dummen Witze. Einmal hat er mich auch geschminkt. Es sah nicht einmal so schrecklich aus. Er gab mir sein Lieblingsshirt, so dass ich es tragen konnte.

Doch irgendwann verließ er mich. In meiner dunkelsten Zeit. Ich verstand ihn, nahm es ihm nicht böse. Doch danach begann der schwerste Abschnitt meines Lebens. Ich war ausgebrannt. Alles was ich noch tat, war auf dem Sessel bei einer Freundin zu sitzen, bei der ich zu der Zeit wohnte und aus dem Fenster zu

starren. Ich schrieb ihm Briefe. Tausende. Dachte mir
Geschichten über ihn aus. Ich weiß noch, einmal liefen wir
nachts, so um ein Uhr, von einem Freund von ihm zurück zu
seinem Haus. Ich hatte hohe Schuhe an, die bei jedem Schritt
knackten. Er war so glücklich und sagte, es fühle sich an, als
würde er neben einer attraktiven Sekretärin laufen. Oh Gott,
wie ich seine Eltern geliebt habe. Seine Mutter, die
wahrscheinlich kreativste Frau der Welt.

„Faye, bist du noch da?"

Ich schreckte hoch.

„Können wir vielleicht das Thema wechseln?"

„Okay. Aber das ist eine Ausnahme", sagte er und lächelte.

„Okay, nächste Frage. Hast du auch schlechte Erfahrungen mit
Männern gemacht?", fragte er und ich wusste im ersten
Moment nicht, was er genau meinte.

„In Hinsicht auf Gewalt?", fügte er hinzu.

Und sofort kam wieder dieser verdammte Schmerz in der Brust.

Ich hätte kotzen können.

Jennifer, steh mir bei.

„Ähm ..."

Er warf mir einen beruhigenden Blick zu. „Es ist okay."

Ich nickte und atmete tief durch.

„Ich hatte einen gewalttätigen Freund. Er hat auch seine Ex-
Freundin geschlagen, davon habe ich aber erst im Nachhinein
erfahren. Er war ... na ja, ziemlich krank. Und in irgendeiner
Nacht war es so schlimm, dass er meinen Kopf nahm und auf
den Boden schlug. Das Blut war noch einen Tag später auf
seinem Boden. Er hat mir mein Handgelenk ausgerenkt und ich
hatte viele blaue Flecken. Dann habe ich jemanden angerufen,
der mich um drei Uhr nachts abgeholt hat. Er wollte mich erst

in die Notaufnahme fahren, ich sah wirklich böse zugerichtet aus. Doch ich wollte nur zu meinem besten Freund. Der nun, dank irgendeinem Wunder, auch mein fester Freund ist. Um drei Uhr Nachts stand ich vor seiner Tür, weinend, mit einer Platzwunde am Kopf und einem Handgelenk, das echt nicht gesund aussah."

Der Psychologe vor mir atmete tief durch.

„Puh.."

Er strich sich kurz übers Gesicht und ordnete sich wieder.

„Hast du schon Mal versucht, dir das Leben zu nehmen?"

Gott, Jennifer, hol mich hier raus. Sofort.

„Nein", log ich und atmete tief durch.

„Und wie ist es mit Selbstverletzungen?"

Kaum war der letzte Schmerz weg, kam schon der nächste.

„Ich hatte große Probleme damit."

„Und warum?"

„Da würden sie nicht verstehen."

„Dann erkläre es mir."

Ich nickte und versuchte die passenden Worte zu finden.

„Wenn du Probleme mit Selbstverletzung hast, bedeutet das, naja, es bedeutet.." Ich grübelte. „Man kann es nicht verallgemeinern. Jeder hat einen anderen Grund und jeder sieht es mit anderen Augen, doch bei allen, die ich kenne und auch aus meiner Erfahrung, ist es so: Du versuchst dich selbst zu spüren. Also, dass du noch irgendwie am Leben bist. Weil du es selbst nicht mehr weißt. Es fühlt sich einfach nicht mehr so an. Und du willst es auch sehen. Die Narben sehen aus wie Kunst. Als wären sie gezeichnet worden. Und wenn du erst einmal angefangen hast, kannst du nicht aufhören. Ja, es ist unmöglich aufzuhören. Es ist eine Sucht, schlimmer als jede

48

Droge der Welt. Und nach jedem Mal, wenn du es getan hast, kommt derselbe Ablauf. Du siehst es, du bereust, dass du es getan hast. Dann kommt das Verstecken. Die Klamotten, die du dann trägst, die Angst dich vor jemand anderem umzuziehen.Die Lügen, dass alles gut ist und die Enttäuschung über dich selbst. Dann wieder der Gedanke, dass du andere enttäuscht hast. Deine Freunde, deine Familie. Auch wenn sie es nicht sehen, *du* siehst es jeden Tag. Sich den Schmerz zuzufügen, das sind nur ein paar Minuten. Doch das Verheilen dauert Wochen. Manchmal auch Monate. Und das Vergessen dauert ein Leben lang. Im Sommer Langarmpullis zu tragen – ernsthaft – wie wirkt das auf andere? Einfach alles daran ist schrecklich. Doch in dem Moment, in dem du es tust, bist du wie ferngesteuert. Als würdest du nicht mehr existieren. Da ist jemand anderes in deinem Kopf, der das macht.

Das bist nicht du selbst. Erst danach weißt du, was du getan hast und dann beginnt der Teufelskreis immer und immer wieder von vorne."

Er nickte. „Es ist sehr mutig von dir, das zu sagen. Das alles hier. Und ich weiß, es ist nur ein winzig kleiner Bruchteil von dem, was dir passiert ist, doch trotzdem kannst du verdammt stolz auf dich sein."

Ich schwieg eine Weile, denn alles, was in mir schlummerte, wollte plötzlich heraus.

„Hören sie, psychische Krankheiten sind nicht schön. Mädchen mit Essstörungen sitzen nicht einfach da und stochern in ihrem Salat herum. Sie fressen sich voll, dann übergeben sie sich. Sie essen Watte, damit sie ein Sättigungsgefühl haben. Leute mit Essstörungen können 44, aber auch 130 Kilo wiegen. Und das versteht ihr nicht. Ihr alle. Und Depression bedeutet nicht ein

Mädchen, das nachts an ihrem Fenster steht und traurig aus dem Fenster schaut. Depression bedeutet, nicht einmal mehr die Motivation zu haben, die Augen aufzumachen, Tabletten zu nehmen, um sich besser zu fühlen. Jeden Abend im Bett zu liegen und nur schlafen zu wollen, damit man kurz seine Ruhe hat vor den ganzen Fuck-Gedanken. Angststörungen – das heißt nicht, dass man ab und zu unruhig ist. Es bedeutet, man sitzt zuhause aus Angst rauszugehen. Aus Angst Menschen zu treffen, die plötzlich mit einem reden wollen. Jedes Geräusch tausendmal lauter zu hören; dieses verdammte Flüchten; diese Scheiß-Beruhigungsmittel suchen; das plötzliche Stechen im Brustkorb, das sich irgendwann zu einem Herzrasen entwickelt. Vom eigenen Körper kontrolliert zu werden, nicht mehr selbst entscheiden zu können, wann man raus kann und wann nicht. Und Panikattacken sind nicht nur Herzrasen und Atemnot. Sie bedeuten Schwindel, Übelkeit, Angst, Schmerzen in allen Knochen; alles doppelt zu sehen; nicht mehr zu wissen, wo links und rechts ist. Verzweifelt in irgendeine Seitengasse zu stolpern; nach den Beruhigungstabletten zu suchen, die plötzlich in den Tiefen deiner Tasche verschwunden sind. Das alles ist nicht schön. Es ist auch nicht theatralisch. Und vor allem ist es nicht der Ruf nach Aufmerksamkeit. Sondern ein Hilfeschrei, um endlich aus dieser Hölle raus zu kommen."
Mir ging fast die Luft aus.
Er wusste jetzt wohl gar nicht mehr, was er sagen sollte.
Er saß einfach nur da und blickte auf das Blatt Papier, auf dem bisher nur mein Name stand.
„Psychisch krank zu sein bedeutet, den kleinsten Fehler jahrelang zu bereuen. Sich Vorwürfe zu machen über einen Satz den man vor neun Monaten gesagt hat. Psychisch krank zu

sein, bedeutet der Käfig im eigenen Körper, der einem verbietet sein wahres Gesicht zu zeigen. Sich immer alleine zu fühlen, egal, wo man ist. Die Angst vor großen Menschenmengen, die Angst davor, von anderen Menschen angeschaut zu werden.

Die Angst das Haus zu verlassen. Bereits nach zwei Stunden, wenn man dann endlich mal draußen war, komplett ausgelaugt zu sein und den Rest des Tages zu schlafen. Von jeder Kleinigkeit gestresst zu sein. Alle von sich wegzustoßen. Weil man denkt, man würde ihnen schaden. Jedem einzelnen. Man fühlt sich wie ein Alien, der nicht auf diese Welt gehört. Man fühlt sich alleine. Einsam.

Egal wieviel Geld oder Freunde oder Ruhm man hat. Letztendlich sitzt jeder am Ende im Bett und hat nicht die leiseste Ahnung davon, wie es weitergehen soll.

Das hier geht an alle Eltern.

Helft euren Kindern. Versteht sie. Wenn sie Narben haben,
dann verurteilt sie nicht. Schreit sie nicht an, bezeichnet sie
nicht als „instabil."
Wenn sie morgens nicht aus dem Bett kommen, nennt sie nicht
faul.
Redet mit ihnen, versucht sie zu verstehen.
Gebt ihnen das Gefühl, dass ihr an sie glaubt.
Wenn euer Kind weint, setzt euch zu ihm, nehmt es in den Arm
und selbst wenn er oder sie keinen Grund nennt, seid für euer
Kind da.
Jedes Jahr nehmen sich mehr als 600 Jugendliche in
Deutschland das Leben.
Ihr, wir alle, können etwas dagegen tun.
Und hört auf mit dieser ganzen: „Er, sie - will nur
Aufmerksamkeit-Scheiße.
Nehmt es ernst.
Versucht sie zu verstehen. Nur wir können etwas ändern.
An alle die, die für das Mobbing verantwortlich sind: Hört auf,
Menschen zu mobben, nur weil sie anders sind.
Geht zu ihnen, sagt ihnen *Hallo*, bezieht sie ein.
Wisst ihr nicht, dass Ihr mit Mobbing Menschen kaputtmachen
könnt?

Es geht hier nicht um Faye.
Es geht um mich.
Ich weiß, wie sich das alles anfühlt, denn ich fühle es jeden Tag.

Wir können etwas ändern.

Wir müssen nur damit anfangen.

Jennifer ist nicht irgendeine Figur in meinem Kopf.

„Jennifer" war eine meiner engsten Freundinnen. Sie hat sich vor zwei Jahren das Leben genommen, weil sie unter K.O. Tropfen gesetzt wurde. Es wurden Bilder von ihr verbreitet und deshalb hat sie sich umgebracht.

Und als ich einen Poetry Slam darüber vorgetragen habe, haben sich Eltern beschwert und schon war ich ungefragt in der Zeitung.

Doch das alles, alles, worüber ihr euch beschwert - das passiert jeden verdammten Tag. Also macht die Augen auf. Und lasst die Jugendlichen sagen, was sie zu sagen haben.

Macht etwas dagegen.

Depressionen, Essstörungen, Panikattacken und alle anderen psychischen Krankheiten - man schafft es nur schwer alleine aus dieser Hölle.

Nur mit Verständnis, Liebe und Toleranz könnt ihr etwas bewirken.

Natürlich hat das Mobbing Spuren hinterlassen.

Ziemlich viele.

Und ziemlich tiefe.

Doch wenn ich eins gelernt habe, dann, dass die meisten Leute die mich damals gemobbt haben, nichts erreicht haben. Ich habe vielleicht kein Abi, ich habe auch kein erfolgreiches Studium, ja, sie haben mir vieles genommen. Doch eine Sache konnten sie mir nicht nehmen. Meine Kreativität.

„Deine Traumwelt bringt dir nichts, Emma", haben sie immer gesagt. „Damit wirst du nichts erreichen." Das erste, das ich gemacht habe, als ich mein erstes Buch veröffentlicht habe, war, es an meine alte Schule zu schicken. An die Lehrerin, die zu mir gesagt hat, es würde mir niemals etwas bringen. Denn nicht mal die Lehrer waren auf meiner Seite. Ich war jeden Tag ganz alleine. Ich hatte niemanden, der mich mal in den Arm genommen hat. (Ich liebe Umarmungen!) Ich hatte niemanden, der mir gesagt hat, dass ich schön bin. Acht Jahre lang habe ich versucht, es jedem recht zu machen. Habe versucht dazu zu gehören. Doch irgendwann habe ich gemerkt, dass ich niemals so werden wollte wie sie. Ja, vielleicht bin ich jetzt immer noch nicht die glücklichste Person der Welt. Doch mittlerweile weiß ich, dass das, was sie gesagt haben, nur leere Worte waren. Die Jungs, die mich damals als hässlich beleidigt haben, fragen mich jetzt, ob ich mit Ihnen ins Kino möchte. Die Mädchen, die mich früher durch die Hölle geschickt haben, wollen jetzt meine Freundinnen sein. Doch die, die ich jetzt habe, sind die besten Freunde der Welt. Ich habe es geschafft, diese ganze Scheiße hinter mir zu lassen.

An alle Leute die mir das damals angetan haben:

Ihr habt mir so viel weg genommen. Meine Kindheit. Meine Jugend. Den Willen dazu die Schule zu machen. Doch ihr habt alles davon zurück bekommen.

An alle da draußen die gemobbt werden:

Es sind leere Wörter.

Aus leeren Menschen.

Ihr seid wunderschön, ihr seid unschlagbar.

Lasst euer Herz nicht brechen von Menschen, die keines haben.

Ich bin Emma Kress, 18 Jahre alt.

Aber ich bin auch Faye.

Faye Liborn.

Und ich kenne Tausende, die so sind wie wir.

Und genau diese Menschen, sollte man lieben für das, was sie sind.

Danke.

Dein Tagebuch

Herstellung und Verlag: BoD- Books on Demand, Norderstedt